D0772313

Carros

Julie Murray

www.abdopublishing.com

Published by Abdo Kids, a division of ABDO, PO Box 398166, Minneapolis, Minnesota 55439.

Printed in the United States of America, North Mankato, Minnesota.

072014

092014

Spanish Translators: Maria Reyes-Wrede, Maria Puchol

Photo Credits: Glow Images, iStock, Shutterstock, Thinkstock

Production Contributors: Teddy Borth, Jennie Forsberg, Grace Hansen

Design Contributors: Dorothy Toth, Laura Rask

Library of Congress Control Number: 2014938864

Cataloging-in-Publication Data

Murray, Julie.

[Cars. Spanish]

Carros / Julie Murray.

p. cm. -- (Medios de transporte)

ISBN 978-1-62970-373-2 (lib. bdg.)

Includes bibliographical references and index.

1. Automobiles--Juvenile literature. 2. Spanish language materials—Juvenile literature. I. Title.

629.22--dc23

2014938864

Contenido

Carros

Mucha gente usa carros todos los días. La gente va en carro de un lugar a otro.

Partes del carro

Los carros tienen carrocería y cuatro llantas. El volante mueve las ruedas.

El motor hace que el carro funcione. Los asientos y los controles están dentro del carro.

GOODYEAR
EAGLE

Los cinturones y las bolsas de aire se usan para la seguridad de la gente. Los faros son para que el conductor pueda ver de noche.

Diferentes tipos de carros

Casi todos los carros necesitan **combustible** para poder funcionar. Funcionan con gasolina o **diésel**.

Algunos carros son **eléctricos**. Funcionan con una batería que se carga con electricidad.

LADEN... 92%
CHARGING...

Algunos carros son **híbridos**. Muchas veces funcionan con gasolina o **diésel** y además una batería.

PRIUS
PLUG-IN HYBRID

Los carros Smart se usan mucho en la ciudad. Son pequeños y fáciles de estacionar.

ONE WAY
END
SCHOOL
ZONE

Los carros de policía tienen luces especiales y **sirenas**. Son para que todos sepan que se acerca un carro de policía.

COURTESY PROFESSIONALISM RESPECT
NYPD
POLICE
POLICE DEPARTMENT
CITY OF NEW YORK

Más datos

- Los primeros carros funcionaban a vapor. Ahora casi todos los carros funcionan con gasolina.
- Los carros son una de las cosas más recicladas en el mundo.
- La primera infracción por alta velocidad se dio en 1904 en Ohio. El hombre de la infracción estaba manejando a 12 millas por hora (19 km/h).
- A los carros también se los llama automóviles. Este nombre viene del francés.

Glosario

combustible – fuente de energía para motores.

diésel – un tipo de combustible para motores diésel.

eléctrico – que usa electricidad.

híbrido – que combina dos o más formas de funcionamiento. Los carros híbridos funcionan con gasolina y electricidad.

sirena – ruido fuerte que se usa como mecanismo de advertencia.

Índice

abdokids.com

¡Usa este código para entrar a abdokids.com y tener acceso a juegos, arte, videos y mucho más!

Código Abdo Kids:
TCK0793